BEI GRIN MACHT SICH
WISSEN BEZAHLT

- Wir veröffentlichen Ihre Hausarbeit,
  Bachelor- und Masterarbeit

- Ihr eigenes eBook und Buch -
  weltweit in allen wichtigen Shops

- Verdienen Sie an jedem Verkauf

Jetzt bei www.GRIN.com hochladen
und kostenlos publizieren

Matthias Lanzrath

Methoden des Wissensmanagements zum Projekt und Unternehmenserfolg

GRIN Verlag

Bibliografische Information der Deutschen Nationalbibliothek:

Die Deutsche Bibliothek verzeichnet diese Publikation in der Deutschen National-
bibliografie; detaillierte bibliografische Daten sind im Internet über http://dnb.d-
nb.de/ abrufbar.

Impressum:

Copyright © 2010 GRIN Verlag GmbH
Druck und Bindung: Books on Demand GmbH, Norderstedt Germany
ISBN: 978-3-656-20159-5

Dieses Buch bei GRIN:

http://www.grin.com/de/e-book/194786/methoden-des-wissensmanagements-zum-
projekt-und-unternehmenserfolg

GRIN - Your knowledge has value

Der GRIN Verlag publiziert seit 1998 wissenschaftliche Arbeiten von Studenten, Hochschullehrern und anderen Akademikern als eBook und gedrucktes Buch. Die Verlagswebsite www.grin.com ist die ideale Plattform zur Veröffentlichung von Hausarbeiten, Abschlussarbeiten, wissenschaftlichen Aufsätzen, Dissertationen und Fachbüchern.

Besuchen Sie uns im Internet:

http://www.grin.com/

http://www.facebook.com/grincom

http://www.twitter.com/grin_com

FOM – Fachhochschule für Oekonomie und Management

Standort Köln / Leverkusen

Berufsbegleitender Studiengang Wirtschaftsinformatik

3. Fachsemester

Hausarbeit im Fach „Projektmanagement"

Methoden des Wissensmanagements

zum Projekt- und Unternehmenserfolg

Autor: Matthias Lanzrath

Köln, den 01. August 2010

Inhaltsverzeichnis

1. Einleitung

Unser globales Wirtschaftssystem wird heutzutage immer mehr durch starken Wettbewerb- und Innovationsdruck geprägt. Bedingt durch die rasche technologische Entwicklung und zunehmende Produktvielfalt mit steigender Komplexität gilt es für viele Unternehmen immer ausgereiftere Lösungen, Dienstleistungen und Produkte zu schaffen, um nachhaltig auf dem Markt existieren zu können. Aus diesem Grund entwickeln sich in vielen Firmen und Betrieben zunehmende Projektorganisationen. Vor dem Hintergrund der wachsenden Bedeutung der Nutzung von Informations- und Telekommunikationstechnologie hat sich in den letzten Jahren und Jahrzenten auch der Umgang und das Aufkommen von Wissen deutlich erhöht. Hierbei haben sich verschiedene Methoden in Bezug auf Wissen entwickelt. Der wertvolle Umgang, das Schaffen von neuem Wissen und Erhaltung von Wissen oder dem sog. „Know-How" gilt dabei als wichtiger Schlüssel zum Erfolg und ist in der Projektlehre wichtigster Teil des sog. Wissensmanagement.

1.1 Ziele der Arbeit

Die vorliegende Hausarbeit beschäftigt sich vorwiegend mit verschiedenen Methoden erfolgreichen Wissensmanagements und gibt Aufschlüsse darüber wie diese erfolgreich für den Projektverlauf und damit auch letztendlich für den Unternehmenserfolg angewandt werden können. Es werden dabei Empfehlungen für den Umgang mit Wissen gegeben. Um bisher ungenutzte Potenziale von Wissen in Projekten noch effektiver auszuschöpfen, werden für einen Projektleiter verschiedene Empfehlungen und Methoden vorgestellt. Hierbei sollen unter anderem folgende Teilziele und Fragestellungen geklärt werden.

- Schaffung theoretischer Grundlagen
- Wie und warum wird Wissen in Projekten erzeugt?
- Empfehlung zum Umgang mit Wissen
- unterschiedliche Methoden des Wissensmanagements
- Umsetzung der Methoden im Projekt

1.2   Struktur und Aufbau der Arbeit

Diese Hausarbeit beinhaltet insgesamt sechs Kapitel.

Gleich im Anschluss an dieses erste Kapitel werden im zweiten Kapitel die theoretischen Grundlagen für das weitere Verständnis gelegt. Dabei werden die Begriffe „Wissen" und „Projekt" voneinander abgegrenzt, eine Erklärung zu den verbreiteten Arten von Wissen gegeben und die allgemein, derzeitige Situation zum Umgang mit Wissen in Organisationen dargestellt.

Das dritte Kapitel beschäftigt sich vorwiegend mit der Fragestellung wie neues Wissen in Unternehmen entsteht und gibt Aufschluss über die Organisation von dieser Informationen in Projekten. Dazu werden weitergehend unterschiedliche Strategien des Wissensmanagements herangezogen unter Berücksichtigung von bekannten Problemen und deren Hilfestellungen.

Die verschiedenen Bausteine und organisatorischen Methoden im Wissensmanagement werden im vierten Kapitel erläutert. Hierbei stellt sich vor allem die Frage des nachhaltigen Wissenserhalt nach einem Projektanschluss sowie der Nachvollziehbarkeit und Messbarkeit von Maßnahmen des Wissensmanagements.

Im Fazit des fünften Kapitels wird die Arbeit noch einmal aus persönlicher Sicht reflektiert. Es zeigt den gewonnenen Nutzen der Ausarbeitung und erteilt einen Ausblick auf künftige Forschungsansätze und Fragestellungen.

2. Theoretische Grundlagen

In diesem Kapitel wird für das Verständnis der Arbeit die theoretische Grundlage geschaffen. Im ersten Schritt werden die Begrifflichkeiten des Terminus „Projekt" und „Wissen" erklärt. Daraufhin werden die unterschiedlichen Wissensarten erläutert und verschiedene Konzepte zum Umgang mit Wissen in Projekten dargestellt.

2.1 Der Projektbegriff

Schon in der frühen Geschichte der Zivilisation wird seit geraumer Zeit in Projekten gearbeitet. Dies zeigte sich vor allem in historischen Bauprojekten wie der Chinesischen Mauer oder den Pyramiden.

Begriffstechnisch lässt sich das Wort „Projekt" auf das lateinische Verb „proicere" zurückwerfen. Dieses setzt sich zusammen aus dem Wort „pro" (vorwärts) und „jacere" (werden). Im übertragenden Sinne bedeutet dies eine Sache „voranzutreiben". [1]

Für den Projektbegriff existieren in der gängigen Literatur eine Vielzahl von Definitionen. Eine einheitliche Definitionen für den Begriff Projekt existiert bis zum heutigen Zeitpunkt nicht. Jedoch weisen die meisten Definitionen das Projekt als ein Vorhaben mit bestimmten Eigenschaften auf.

Ein Projekt wird somit als ein Vorhaben bezeichnet, das neben einer festen Zielvereinbarung eine Einmaligkeit aufweist. Eine zeitliche und finanzielle Beschränkung und ein potenzielles Risiko verbunden mit einem gewissen Grad an Komplexität gehören ebenso zu diesen Eigenschaften. [2]

2.2 Der Wissensbegriff

Eine Definition des Terminus „Wissen" beschäftige bereits verschiedene Philosophen der Antike und wird auch im noch jungen Forschungsfeld des Wissensmanagement von verschiedenen Autoren unterschiedlich beurteilt. So definiert Kron den Begriff Wissen z.B. als "[...] *Gewissheit, dass Phänomene wirklich sind und bestimmte Eigenschaften haben.*" Nur in diesem Sinn sei der Begriff für den Menschen interessant.[3] Probst und Büchel beschreiben hingegen Wissen weiter als „[...] *die Gesamtheit der Kenntnisse und Fähigkeiten, die Individuen zur Lösung von Problemen einsetzen*". [4] Diese Definition kommt dem heutigen Verständnis von Wissen schon sehr nahe.

Da der Begriff des Wissens grundlegend für den weiteren Aufbau der Arbeit ist und im Rahmen des Wissensmanagement zunehmend interdisziplinär wird, wird an dieser Stelle die sog. „working definiton" von Davenport und Prusak verwendet.

---

[1] Schindler. M „Wissensmanagement in der Projektabwicklung ", 2002, S.19, 3. Auflage, Lohmar
[2] Schindler. M „Wissensmanagement in der Projektabwicklung ", 2002, S.20, 3. Auflage, Lohmar
[3] Kron, Friedrich W. „Wissenschaftstheorie" S.82 ,1999, Ernst Reinhardt Verlag München, Basel
[4] Probst, G: Romhardt, K: „Wissen Managen:" S.22, 2006, Gaber, 4. Auflage, Wiesbaden

„knowledge is a fluid mix of framed experience, values, contextual information, and expert insight that provides a framework for evaluating and incorporating new experiences and information. It originates and ist applied in the minds of knowers. In organizations, it often becomes embedded not only in documents [...] but also in organizational routines, processes, pratices and norms." [5]

Die einzelnen Aussagen dieser Definition werden im weiteren Verlauf dieser Arbeit noch weiter erläutert.

2.3 Wissensarten

Um unterscheiden zu können, welche Arten von Wissen es gibt ist es zunächst einmal notwendig zu verstehen aus welchen Bestandteilen sich Wissen zusammensetzt bzw. besteht. Ein gut strukturiertes Modell bietet hierbei die sog. Wissenstreppe nach North.

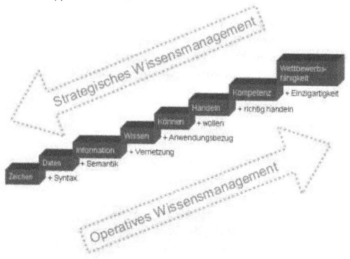

Abbildung 1: Wissenstreppe nach North, Quelle: http://blog.wissenswerk.biz/?p=51

Die Abbildung von North zeigt, dass Informationen die Grundlage von Wissen darstellen. Die kleinsten Bausteine in diesem Modell sind Zeichen. Durch eine Aneinanderreihung von Zeichen mithilfe der Syntax entstehen hieraus Daten. In Verbindung mit Semantik entstehen daraus Informationen. Beispielsweise ist eine fünf auf einem Spannungsmessgerät erst einmal lediglich eine Ziffer. In Zusammenhang mit dem Zeichen „V" ist erkennbar, dass es sich z.B. bei einer

---

[5] Vgl.Davenport, T: Prusak, L: „Working Knowledge", S.5, 1998, Harvard Business School Press, Harvard

Batterie um eine Spannung von 5 Volt handelt. Aus der Semantik „5 Volt Akku", lässt sich weiterhin erkennen, dass es sich um eine wiederausladbare Batterie handelt mit der Spannungsstärke von 5 Volt. Verbindet sich diese Information mit der Erfahrung des Ablesers, so kann hieraus das Wissen entstehen, dass er für den Betrieb einer Kamera bspw. einen 3 Volt Akku benötigt.

Wissen entsteht somit aus der zweckdienlichen Vernetzung von Informationen. Dabei bedeuten neue Informationen nicht immer auch gleichzeitig neues Wissen. Nur durch die menschliche Interaktion mit Informationen kommt Wissen zustande. Wissen stellt die Grundlage für kompetentes Handeln dar und kann zudem die Wettbewerbsfähigkeit einer Organisation sichern.[6]

Im Allgemeinen unterscheiden die japanischen Wirtschaftswissenschaftler Nonaka und Takeuchi zwischen implizitem und explizitem Wissen. Demnach basiert implizites Wissen auf persönlichen Eindrücken und Werten aber auch Gefühlen, Erwartungen und Erfahrung. Explizites Wissen ist hingegen eine leichtere, kommunizierbare Form von Wissen.[7] Mit systemischer Sprache kann dieses in Form von Dokumenten als Information abgebildet und veranschaulicht werden. Für die Wissensweitergabe ist vor allem die Transformation von implizitem Wissen, welches gleichzeitig als Voraussetzung dient, in explizites Wissen unumgänglich. Erfahrung und persönlichen Eindrücke spielen bei der Wissensbildung also eine bedeutende Rolle. Die beiden Japaner machen Ihre Ansichten im sog. „SECI-Modell" deutlich.

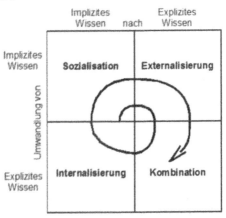

Abbildung 2: SECI-Modell nach Nonaka, Takeuchi. Quelle: http://wissen.priko.at/images/seci_modell.gif

---

[6] Vgl. Willke, Helmut: „Systemisches Wissensmanagement" S. 293, 2001, 2. Auflage UTB, Stuttgart
[7] Vgl. Nonaka, I: Takeuchi, H: „Die Organisation des Wissens" S.72, 1997, Campus Verlag, Frankfurt a.M.

Das „SECI-Modell" stellt ein Modell zur kontinuierlichen Transformation von implizitem in explizites Wissen dar und dient als Grundlage für das Forschungsgebiet des Wissensmanagements. Dabei durchlaufen die einzelnen Wissensarten unterschiedliche Stufen. Diese Transformationsprozesse sind höchst komplex und schwierig, da man davon ausgeht, dass der Umfang von implizitem Wissen allgemein größer – aber nur schwer abschätzbar ist. Die Herausforderung hierbei ist, dieses Wissen „nutzbar" zu machen.

3. Wissenserzeugung

Im vorliegenden dritten Kapitel wird nun der Prozess der Wissenserzeugung genauer beschreiben. Dabei wird auch darauf Wert gelegt Wissen in Projektorganisationen zu erhalten und Informationen generell im Projekt zu organisieren. Zunächst werden an erster Stelle jedoch unterschiedliche Strategien und das sog. MTO-Modell betrachtet.

3.1 Strategien des Wissensmanagement

Im Umgang mit dem Wissen der Projektmitglieder und unter der Berücksichtigung der unterschiedlichen Wissensarten (explizit/implizit) stehen grundsätzlich zwei Strategien bzw. Alternativen zur Auswahl. Zum einen die Kodifizierungsstrategie, zum anderen aber auch die Personalisierungsstrategie. [8]

Bei einer Kodifizierung steht das Ablegen von Wissen im Vordergrund, also das Umwandeln von implizitem in explizites Wissen z.B. durch Dokumentation in elektronischer oder Papierform. Dadurch kann das Wissen mehreren Individuen zugänglich und nutzbar gemacht werden. Die Kodifizierungsstrategie eignet sich insb. bei umfangreichen Kundenprojekten in denen verhältnismäßig viel Dokumentationsbedarf besteht.

Um den Wissenstransfer zwischen Personen geht es hingegen bei der Personalisierungsstrategie. Häufig findet sie Verwendung, wenn Wissen stark an Personen gebunden ist (Expertenwissen) . Hier geht es um Kommunikations- und Interaktionsprozesse zwischen den beteiligten Personen, die zwar durch Technologie unterstützt aber nicht erzwungen werden kann. [9] Die Nutzung der Personalisierungsstrategie ist empfehlenswert bei der Anwendung neuer Prozesse oder neuer Technologien in Projekten.

---

[8] Wahl, Mark: „Wissensmanagement in ERP-Systemen", S25, 2003, Dt. Universitätsverlag, Wiesbaden
[9] Davenport, T: Prusak, L: „Working Knowledge", S.151, 1998, Harvard Business School Press, Harvard

Empfehlenswert für den Erfolg eines Projektes ist jedoch i.d.R. eine ausgewogene Kombination beider. Die Beurteilung des Einsatzes eines geeigneten Strategieverhältnisses ist dabei jeweils vom zu erreichenden Projektziel abhängig.

3.4 MTO-Modell

Wissen wird generell in der Gesellschaft, Unternehmen und zunehmend auch in Projekten als ein erfolgskritischer Produktionsfaktor verstanden. Dies macht es erforderlich vorhandenes Wissen zu managen. Managen bedeutet hierbei Planen, Leiten und Steuern. Wissen als immaterielles Gut lässt sich allerdings nicht mit klassischen Mitteln handhaben. Es ist individuell, unterschiedlich und hängt dabei von der persönlichen Einstellung und Motivation der Mitarbeiter ab. Wissensmanagement kann hierbei also nur die organisatorischen und technischen Rahmenbedingungen schaffen die eine Organisation zur Lösung ihrer vielfältigen Aufgaben benötigt. [10] In der Forschungsgemeinschaft zum Thema Wissensmanagement trifft man hier immer wieder auf das sog. „MTO-Modell" (Mensch-Organisation-Technik), welches von den Professoren Strom und Ulich an der ETH-Zürich entwickelt wurde.

Basis dieses Modells stellt die Unternehmenskultur dar, von der aus aufbauend die Kombination der drei Säulen (Organisation – Mensch – Technik) letztendlich zu einem effizienten Wissensmanagement führt. Die Säule „Organisation" hat dabei die Aufgabe die Abläufe/Prozesse in einem Unternehmen wissenszentriert zu gestalten. Die zweite Säule „Mensch" steht im Mittelpunkt des Modells als „ausführende Person", welche die Aufgaben der Organisation unter Zuhilfenahme der dritten Säule „Technik" sinnvoll ein- und umsetzt. Dabei ist vor allem der Faktor „Mensch" für die zentrale Wissenserzeugung verantwortlich.

---

[10] Vgl. Keller, Christian: Kastrup, Christan: „Wissensmanagement", 2009, S.15ff. Cornelson, Berlin

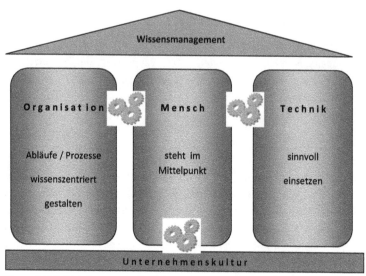

Abbildung 4: MTO-Modell   Quelle: Keller, C:Kastrub, C: „Wissensmanagement" S. 17

Für das Gelingen von Projekten geht es nun in Bezug auf das Wissensmanagement darum dieses Wissen in den verschiedenen Projektphasen zu nutzen.

3.3 Erzeugung von Wissen in Projekten

Der Transformationsprozess bzw. das Externalisieren von implizitem Wissen findet in einem Projekt praktisch nach jeder Besprechung statt. Gerade in Projekten beruht die Erzeugung und Schaffung von neuem Wissen durch die Weitergabe von Erfahrung und Wissen.[11] Verschiedene projektspezifische Eigenschaften begünstigen hierbei generell den Lernprozess auf der Projektteam-Ebene. Diese Punkte seien einmal wie folgt aufgelistet. [12]

- Eine *regelmäßige Interdiziplinarität* begünstigt die allgemeine Lernsituation.
- Durch die *Komplexität neuartiger Projektaufgaben* kann ein Antrieb im Team und somit auch für den Lernprozess entstehen.
- Das *gemeinsame Projektziel* dient als Grundlage des allgemeinen Lernverhaltens in der Gruppe.

---

[11] Vgl. Freimuth, Jochim: „Moderation der Hochschuldidaktik" , 2000, S. 151, Windmühle, Göttingen
[12] Vgl. Schindler. M „Wissensmanagement in der Projektabwicklung ", 2002, S.46f, 3. Auflage, Josef EUL Verlag Lohmar

- *Terminliche Vorgaben* erhöhen den Problemlösungsdruck und zwingen Projektmitglieder zur einer konsequenten Auseinandersetzung mit einem Thema.
- *Die Autonomie des Projektteams* fördert Kreativität und Innovation.
- Das gemeinschaftliche Lernen wird durch die *schnelle Rückkopplung und hohe Interaktionsdichte* begünstigt.
- *Die flachen Hierarchien* der meisten Projektorganisationen verkürzen die Zeit von Entscheidungsfindungen und können den Lernprozess ebenfalls begünstigen.
- In der Teambildung kann ein kollektives Bewusstsein entstehen durch das Vertrauen geschaffen und Ängste oder Unsicherheiten abgebaut werden können.

Bei diesen Punkten gilt es insbesondere, die im Projekt gewonnen Erkenntnisse und Erfahrungen anderen zugänglich und verfügbar zu machen. Nur so lässt sich ein ganzheitlicher Lernprozess durch das Projekt im Unternehmen implementieren. Methoden für das Externalisieren dieses Wissen werden später aufgeführt.

3.4   Wissenstransfer in Projekten

Herausforderung bei der Implementierung von Projekten ist die bewusste Wissensweitergabe durch den Menschen. Dies ist vor allem oftmals dadurch begründet, dass Wissen als Machtinstrument gesehen wird. Man spricht hier von der sog. intrinsischen (aus sich heraus gerichteten) Motivation. Weitere Gründe werden in den bereits angesprochenen Eigenschaften von Projekten gesehen. Einmal durch die zeitliche Begrenztheit aber auch durch die Zuordnung von personellen Ressourcen und Wissen. Als Konsequenz heraus fehlt häufig eine angemessene Nachbearbeitungszeit von Projekten und Wissen und Erfahrung wird in erster Linie nur zwischen den Projektmitgliedern erzeugt. Ein Mitarbeiter sollte jedoch freiwillig sein Wissen weitergeben. Oftmals fehlen hierfür erforderliche Anreize zur Motivation. Eine mögliche Hilfe für den Projektleiter ist das Schaffen von Anreizsystemen. Hier stellt sich die Frage wie ein Mitarbeiter zur aktiven Wissensweitergabe motiviert werden kann? Hervor zu heben ist, dass eine gut strukturierte Wissensweitergabe die Innovationskraft fördert und nicht zuletzt auch die Projektdauer verkürzt und dessen Kosten. Hierbei gilt es einen Kombination aus verschiedenen Methoden zu leben. Zum einen sollte durch ein elektronisches Informationssystem die notwendigen IT-infrastrukturellen Voraussetzungen geschaffen werden. Zusätzlich sollten Maßnahmen zur Motivationsförderung ergriffen werden. Dabei können bei Mitarbeitern z.b. persönliche Zielvereinbarungen helfen die motivieren und folglich in der Regel zu erhöhter Leistung mit dem Ziel einer Steigerung des gesamtunternehmerischen Erfolges führen. Wirksamer zeigt sich allerdings immer öfter eine ausreichende Belobigung bzw. Anerkennung der geleisteten Arbeit. Ziel ist es hierbei ein möglichst hohes Maß an Vertrauen zu schaffen.[13] Da Projekte häufig mit Veränderungen in Bezug auf neue Abläufe oder neue Technologien einhergehen, kann dadurch eine von der Natur des Menschen ausgehende, „Angst – vor Veränderung" – Haltung, beseitigt werden. Die Einbeziehung in wichtige Projektaufgaben mit einer Zuweisung von Teilverantwortungen tragen ihrem Teil dazu bei. In der Projektmanagementlehre spricht man in diesem Zusammenhang von der sog. „Maslowschen – Bedürfnispyramide".

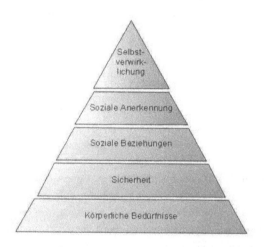

Abbildung 3: Maslow-Pyramide Quelle: http://tagyourlife.de/wordpress/wp-content/maslow_beduerfnispyramide.jpg

Letztlich gilt es auch im Projekt die erforderlichen Bedürfnisse der Projektmitglieder zur erfüllen. Das obige Modell hierzu wurde 1943 vom amerikanischen Psychologen Abraham Maslow entwickelt. Hierbei ist es

---

[13] Vgl. Streng, Michael: Fürst, Andrea (2006): Wissenstransfer im Projektmanagement

zunächst wichtig eine Grundlage für die Arbeitsplatzsicherheit und Raum für die Bildung von sozialen Beziehungen zu schaffen. Im Projekt selbst verbessert sich die Arbeit des Teams dann mit sozialer Anerkennung bis hin zur Selbstverwirklichung der Projektmitglieder. Bspw. je mehr die in der Pyramide aufgeführten Bedürfnisse in einer Projektorganisation erfüllt sind, desto höher ist die individuelle Erfolg eines Projekts. Denn nur wenn die Projektmitglieder in ihrem persönlichen (Arbeits-)Umfeld die genannten Bedürfnisse vorfinden, kann ein entsprechender Beitrag zum Projekterfolg erzielt werden.

Die „Bedürfnispyramide" nach Maslow zeigt, dass auch hier der Faktor „Mensch" der zentrale, ausschlaggebende Faktor zum Projekterfolg ist. Umso wichtiger ist es, in einer Organisation ein entsprechendes Umfeld mit allen erforderlichen, notwendigen Voraussetzungen zu schaffen.

4. Methoden des Wissensmanagement in Projekten

Wissensmanagement wird heute oft fälschlicherweise nur als Einführung eines neuen Dokumentenablagesystems verstanden. Hier werden die Mitarbeiter meist immer schlicht dazu angehalten eine Datenbank mit Dokumenten zu füllen. Eine Prüfung dieser Beiträge findet jedoch oft nicht statt, auch nicht ein angemessene Anerkennung für das niedergelegte Wissen. Wie solche und andere Umstände berücksichtigt werden können zeigt das folgende vierte Kapitel.

4.1 Bausteine des Wissensmanagement

Die organisatorischen Aufgaben des Projektleiters sind, das Wissen der Projektmitglieder einmal für das Projekt selbst aber auch nachhaltig für andere, evtl. zukünftige Projekte nutzbar zu machen. Dazu muss er zunächst einmal verschiedene „Knowledge Worker" (Wissensträger) identifizieren. Dabei gilt es sich einen Überblick und Transparenz über das zur Verfügung stehende explizite/implizite Wissen zu machen. Es müssen also entsprechende Fachpersonen gefunden werden. Sollten diese Maßnahmen nur von wenig oder mäßigem Erfolg gekrönt sein, ist es erforderlich sich Wissen von außerhalb des Projektteams bzw. des Unternehmens zu verschaffen, z.B. durch die Akquirierung neuer Mitarbeiter oder durch die Hilfe von externen Beratern bspw. bei dem Einsatz einer neuen Technologie oder einem neuen

Produktionsverfahren. „Der Wissenserwerb ist die Schnittstelle nach außen und wesentlich für das Bestehen im Wettbewerb" [14] . Hierdurch werden eigene Wissenslücken geschlossen und die Wissensbasis für die Projektorganisation ausgeweitet und verbessert.

Das angesammelte Wissen muss nach diesen Prozessen spezifisch für Bedürfnisse des Projekts nutzbar gemacht und gespeichert werden. Hierbei spielt fast immer ein geeignet technologisches System, beispielweise eine relationale Datenbank eine wichtige Rolle. Eine relationale Datenbank beruht wiederum auf einem relationalen Datenmodell in denen gespeicherte Information in Beziehungen zueinander stehen und vom strukturellen Aufbau her leicht von Mitarbeitern nachvollzogen werden kann. [15] Ziel sollte es hierbei immer sein Informationen und damit auch Wissen zu teilen. Die verschiedenen Speicherorte der unterschiedlichen Säulen des MTO-Modells müssen dabei in Hinblick auf Qualität und Quantität miteinander abgestimmt werden. Mögliche konkrete Speicherbereiche sind hierbei: [16]

MENSCH

- Gehirn des Menschen
- Projektteam
- Expertennetzwerke

ORGANISATION

- transparente, definierte Prozesse
- Lessons Learned
- Archive, Bibliotheken
- Handbücher

TECHNIK

- Datenbanken
- Intranet
- Dokumentenmanagementsysteme

Dabei gilt es Zugang zu diesem expliziten aber auch impliziten Wissen vernünftig zu strukturieren und allen Mitgliedern des Projektteams zu ermöglichen. So soll

---

[14] Vgl. Keller, Christian: Kastrup, Christan: „Wissensmanagement", 2009, S.20. Cornelson, Berlin
[15] Vgl. Jarosch, Helmut: „Datenbankentwurf", 2. Auflage, 2003, Fried. Vieweg & Sohn, Wiesbaden S.122f
[16] Vgl. Tauner, B: Gerhards, S: „Wissensmanagement" 3. Auflage, 2007, Hanser Verlag, München S. 48f

das System im besten Fall so umfangreich wie möglich aber auch so einfach wie nötig zu bedienen und verwaltbar sein. Eventuell auftretende Nutzungsbarrieren wie Dauer oder Doppelarbeit können so sinnvoll vermieden werden.

Insbesondere nach einem Projektabschluss, dabei es nicht von Belang, ob das Projekt erfolgreich oder nicht erfolgreich war, ist es von enormer Bedeutung das angesammelte und neu erworbene Wissen zu bewahren. Durch Wiedereinsatz der Projektmitglieder in ihrer normalen „Linientätigkeit", aber auch durch Kündigung oder Versetzung kann vor allem implizites Wissen schnell verloren gehen. Dabei gilt es die vorhandenen Informationen und neuen Dokumentation regelmäßig auf Aktualität zu prüfen und ggf. anzupassen. Dabei ist von Vorteil bei dem Mitarbeiter bzw. der Gruppe eine gewisse Verantwortung zu verankern, um Prozesse und Dokumentation nicht veralten zu lassen. Bewusst veraltetes Wissen von nicht mehr zeitgemäßen Prozessen oder Systemen sollte wiederum gelöscht werden. [17]

4.2 Wissenserhalt nach Projektabschluss

Wie bereits eben beschrieben besteht bei bzw. nach einem Projektabschluss vermehrt die Gefahr, dass Wissen verloren gehen kann. Häufig wird eine Projektdokumentation in einer kritischen Schlussphase eines Projekts nicht ausreichend oder zu genüge durchgeführt. Für ein erfolgreiches Wissensmanagement ist es daher wichtig Projekterfahrung kurz im Nachhinein zu betrachten. Eine Methode hierbei ist das sog. „De-Briefing". Sie umfasst verschiedene Aktivitäten zur Sicherstellung eines effizienten Wissenstransfers nach einem Projektabschluss. In erste Linie geht es darum den Verlauf eines Projektes kritisch zu betrachten. Die Ziele eines De-Briefings seien wie folgt aufgezählt. [18]

- Nichtwiederholen von Fehlern
- Vermeiden von Mehrfacharbeit/Doppelarbeit
- von Erfahrungen und Wissen anderer profitieren
- Projektarbeit zukünftig allgemein verbessern
- die Leistung des Teams individuell und organisatorisch erhöhen

Rückwirkend sollen dabei eine Reihe von verschiedenen Fragestellungen betrachtet werden. So kann diese Gelegenheit genutzt werden die

---

[17] Vgl. Tauner, B: Gerhards, S: „Wissensmanagement" 3. Auflage, 2007, Hanser Verlag, München S. 55f
[18] vgl. Keller, Christian: Kastrup, Christan: „Wissensmanagement", 2009, S.60f. Cornelson, Berlin

Projektmitglieder einmal grundsätzlich nach ihrer Meinung zu fragen. Dabei wird meist direkt herausgefunden, was gut bzw. schlecht lief aus subjektiver Sicht aber auch aus kollektiver Einschätzung der Gruppe. Generell ist es zudem von Vorteil verschiedene Fragen zum Projektmanagement zu stellen. Diese sollten sich daran orientieren, ob die Gesamtorganisation und die Aufgabenverteilung transparent und nachvollziehbar war – bzw. was beim nächsten Mal anders oder auch besser zu handhaben wäre. Eine Fragestellung nach der Befindlichkeit im Team wie z.B. ob es gute Zusammenarbeit gab oder an welchen Punkten man sich mehr Unterstützung gewünscht hätte sollte ebenfalls Bestandteil eines „De-Briefings" sein. Letztlich aber auch eine persönliche Rücksicht bei der am Ende der Frage „Würden Sie an einem vergleichbaren Projekt nochmal teilnehmen?" eindeutig mit „Ja -Gerne" beantwortet werden kann, kann auch ein erfolgreiches Projektmanagement aufzeigen. Die Ergebnisse dieser Methode werden meistens in sog. „Best-Practices"- Empfehlungen oder „Lessons Learned" niedergelegt. Letzteres umfasst hierbei das schriftliche Festhalten von Erfahrungen, Entwicklungen und Fehlern und dient dabei als Referenz für zukünftige Projekte. Eine „Best Practice"- Empfehlung hingegen beschreibt ein bereits bewährtes und empfehlenswertes Vorgehen.

4.3   Messbarkeit von Wissen

Wichtig für den Erfolg von Wissensmanagement in Projekten ist es zu wissen, ob und inwieweit die Gesamtheit aller Maßnahmen Wirkung zeigt. Dies kann sich unter anderem durch einen schnelleren Projektabschluss oder in einer Gesamtzufriedenheit der Teammitglieder äußern. Hierbei lässt sich gerade der sensible „Ursache-Wirkung" – Zusammenhang nur schwer darstellen, da die Ergebnisse einer Untersuchung unmittelbar mit den Maßnahmen in Beziehung gebracht werden müssen. Wechselseitige Abhängigkeiten zu anderen Projekten spielen dabei ebenso eine Rolle.

In der Betriebswirtschaftslehre spricht man bei der Frage wie wissen gemessen werden kann immer wieder vom intellektuellen Kapital (IC). Im IC wird das Wissen der Mitarbeiter, Daten und Informationen über Prozesse und Produkte, aber auch über Kunden Mitbewerber und Technologien beschreiben. Die einzelnen Punkte genauer auszuführen, würde jedoch den Rahmen an dieser Stelle sprengen und ist eher für eine gesamtunternehmerische

Betrachtungsweise geeignet, als für ein Projekt. Jedoch trägt effektives Wissensmanagement im Projekt auch zur Erhöhung des ICs im Unternehmen bei. Beispiele wie Maßnahmen im Wissensmanagement konkret in Projekten gemessen werden kann werden wie folgt erklärt. [19]

Bei der Auswertung und Erfassung von Wissensbeiträgen ist ein unterstützender Einsatz der EDV zu bevorzugen. So kann nicht nur die Anzahl von gespeicherten Dokumenten ermittelt werden, sondern auch der „Wert" des Inhalts. Hier kann z.B. die Abfragehäufigkeit von internen Dokumenten gemessen werden. Wissensbeiträge können durch Kollegen bewertet werden. So erhält auch der Verfasser ein Feedback für seinen eigenen Wissensbeitrag. Beispielhaft hierfür ist z.B. die Implementierung einer wissensbezogenen Projektdatenbank. Hier findet sich das kodifizierte Wissen der Projektmitarbeiter. Es kann zu verschiedenen Wissensthemen und Beiträgen gesucht werden. Beispielhaft wäre weiterhin die Einführung sog. „Yellow Pages". Vergleichbar mit den bekanntem „Gelbe-Seiten" – Prinzip aus dem privaten Umfeld, können hier sämtliche Relevanten Daten und Informationen transparent für den Wissenssuchenden dokumentiert werden. So ist ein Expertenverzeichnis innerhalb des Unternehmens erstellbar. Die Qualität von Wissen und Wissensbeiträgen messbar und nachvollziehbar zu machen trägt insbesondere zu nachhaltigem Wissensmanagement bei.

---

[19] vgl. Keller, Christian: Kastrup, Christan: „Wissensmanagement", 2009, S.22f. Cornelson, Berlin

5. Fazit

Der Schaffung dieser Rahmenbedingungen steht allerdings auf der anderen Seite eine Reihe von organisatorischen bzw. gesellschaftlichen Problemen gegenüber. Hierzu zählt vor allem die anfangs erwähnte wirtschaftliche Schnelllebigkeit. Der Faktor Zeit wird auch von Mark Wahl mit als größte Barriere beim Aufbau eines nachhaltigen Systems zum Wissensmanagement gesehen.[20] Einhergehend mit einer teils steigenden kurzfristigen Erfolgsorientierung so mancher Manager in Unternehmen und einer oft angenommenen Selbstverständlichkeit von Wissen, auch getrieben durch die technischen Entwicklungen unseres Informationszeitalters, lässt sich durchaus schließen, dass es in vielen Unternehmen und damit meistens auch in Projekten keine auf die Unternehmensziele abgestimmte Wissensmanagementstrategie gibt. Wissen wird von verschiedenen Experten mittlerweile als vierter und mitunter auch wichtigster Punkt neben den klassischen Produktionsfaktoren wie Arbeit, Kapital oder Boden gesehen. Ein erfolgreicher und konsequenter Umgang mit Wissen durch die Schaffung der gewonnenen Erkenntnisse ist für die Entwicklung von Projekten von großer Bedeutung. Diese Arbeit zeigt, dass Wissensmanagement mehr ist als die reine Implementierung eines elektronisch gestützten Informationssystems. Dieses kann zwar in den meisten Fällen die Wissensweitergabe in einer Projektorganisation fördern, dennoch muss bei allen Entscheidung die individuellen und kollektiven Bedürfnisse des Menschen mit einbezogen werden. Es gilt im Wissensmanagement die erforderlichen Rahmenbedingungen zu schaffen und verschiedenen Methoden anzuwenden in denen sich Wissen entwickeln kann. Ein Projekt sollte sich hierbei vorwiegend auch als lernende Organisation verstehen, in der auch Fehler gemacht werden dürfen und aus dessen Fehler sich weiteres Wissen angeeignet werden kann.[21] Gerade dies ist auch mit das vorrangigste Ziel warum Projektorganisationen in Unternehmen überhaupt gebildet werden. Die meist neuen Herausforderungen, gerade auch in IT-Projekten, sind nur zu bewerkstelligen, wenn sich Mitarbeiter konsequent mit einer neuen Aufgabe, einem neuen Ablauf oder neuen Technologie beschäftigen. Durch die Methoden erfolgreichen Wissensmanagements können Projekte letztlich schneller, besser und effizienter abgeschlossen werden und verschaffen dadurch Unternehmen auf immer hochdynamischeren Märkten und Umgebungen entscheidende Wettbewerbsvorteile.

---

[20] vgl. Wahl, Mark: „Wissensmanagement in ERP-Systemen", S. 41, 2003, Dt. Universitätsverlag
[21] Vgl. Schindler. M „Wissensmanagement in der Projektabwicklung ", 2002„ S41, 3. Auflage, Josef EUL

6.1 Literaturverzeichnis

<u>Bücher:</u>

Kron, Friedrich W. (1999): Wissenschaftstheorie für Pädagogen, 2. Auflage, München/Basel, Ernst Reinhardt Verlag, S. 82

Probst, Gilbert: Raub, Steffen: Romhardt , Kai (2006): Wissen managen – Wie Unternehmen ihre wertvollste Ressource optimal nutzen, 4. Auflage, Wiesbaden, Gabler Verlag, S. 26

Davenport, Thomas H.: Prusak, Laurence (1998): Working Knowledge - How Organizations Manage What They Know, Harvard, Harvard Business School Press S. 5, S. 151f

Wilke, Helmut (2001): Systemisches Wissensmanagement, 2. Auflage, Stuttgart, UTB Verlag, S. 293

Nokaka, Ikujiro: Takeuchi, Hirotaka (1997): Die Organisation des Wissens – Wie japanische Unternehmen eine brachliegende Ressource nutzbar machen, Frankfurt a.M., Campus Verlag, S. 72

Freimuth, Joachim (2000): Moderation der Hochschuldidaktik, Göttingen, Windmühle, S. 151

Schindler, Martin (2002): Wissensmanagement in der Projektabwicklung, 3. durchgesehene Auflage der Dissertation, Lohmar, Josepf EuL Verlag, S.19f 41,46f

Wahl, Mark (2003): Wissensmanagement im Lebenszyklus von ERP-Systemen, Wiesbaden, Dt. Universitätsverlag, S. 25, S. 41

Keller, Christian: Kastrup, Christan (2009): Wissensmanagement, 1. Auflage, Berlin, Cornelson, S. 15ff, S.20, S.22f, S.60f

Jarosch, Helmut (2003): Grundkurs Datenbankentwurf - , 2. Auflage, Wiesbaden, Friedrich Vieweg & Sohn Verlag, S.122f

Tauner, Bettina: Gerhards, Sandra (2007) Wissensmanagement, 3. Auflage, München, Hanser Verlag, S. 48ff

www.ingramcontent.com/pod-product-compliance
Lightning Source LLC
LaVergne TN
LVHW042320060326
832902LV00010B/1636